Pensées à mûrir,
Pensées à sourire

Patrick ESTRADE est psychologue et psychothérapeute. En dehors de sa pratique en cabinet, il donne des conférences et anime également des stages de développement personnel tant en France qu'à l'étranger. L'intérêt que suscite ses livres auprès du public le conduit fréquemment à participer ou à collaborer à des émissions de radio et de télévision.

De Patrick ESTRADE sont parus :

Aux Éditions Dervy :

Un Reflet d'infini, 2000.

Aux Éditions Dangles :

Vivre sa vie : Comprendre, décider, agir, 1988.
Être ou ne pas..., 1988.
Vivre mieux : mode d'emploi, 1989.
Le couple retrouvé, 1990.
L'amour retrouvé, 1991.
Bonjour l'ambiance : (Comment améliorer les relations humaines en milieu professionnel), 1993.
Vous avez dit névrose ?, 1995.
Parents/Enfants : Pourquoi ça bloque ?, 1996.

Éditions Dervy
ISBN : 2-84454-176-3

Patrick ESTRADE

Pensées à mûrir,
Pensées à sourire

Illustrations et maquette de la couverture
Huguette ESTRADE

Éditions Dervy
204, boulevard Raspail
75014 PARIS

Remerciements

Mes remerciements vont en premier lieu à mon épouse Huguette Estrade pour l'aide précieuse qu'une fois encore elle m'a apportée, à l'occasion de la relecture et de la mise en ordre du manuscrit. Pour la maquette et l'illustration de la couverture aussi. Merci également à Évelyne et à Yves Estrade pour leurs commentaires critiques et leurs encouragements. Un grand merci à Françoise Chateauvieux, à Jean-Laurent Lepeu, à Aurore Nicaulo-Magnin, à France et Jean-Louis Bournet, à Denis Taccini, à Laurent Guiglion, à Lionel Amerio, à Isabelle Estrade, qui m'ont, par leur aide avisée et experte en informatique, épargné beaucoup d'énervement. Merci aussi à Sophie et Jean-Pierre Amram, Raja et Stéphane Djordjevic pour le brainstorming. Merci enfin à Arthur Estrade, mon fils, qui a consenti à croquer un certain nombre de pommes pour servir de modèles aux illustrations de cet ouvrage, alors qu'il avait, ce jour-là, des vues sur un certain pot de Nutella.

Précaution

J'ai été extrêmement attentif à ce que les différentes pensées contenues dans ce recueil soient de mon propre cru. Toutefois, si par hasard un de mes confrères en reconnaissait une lui appartenant, je lui saurais gré de bien vouloir me contacter pour le rétablir en plein droit de sa propriété, ce qui nous donnerait également l'occasion de lever ensemble notre verre à la santé de la littérature.

Patrick Estrade,

Février 2002

Avant-propos

Lorsque je suis de passage à Paris, j'aime bien aller flâner sur le Boulevard Saint-Michel et fouiller dans les rayons des bouquinistes ; on y fait souvent des trouvailles intéressantes. Je me rappelle, il y a une bonne quinzaine d'années de cela, un jour que je cherchais un certain livre d'Alfred Adler, j'étais tombé sur un ouvrage d'Alexandra David-Neel intitulé : *Les Enseignements secrets des moines bouddhistes tibétains*. Ce titre singulier m'avait accroché et son prix étant vraiment minime, je m'en étais retourné à la maison, aussi étonné de cette singulière découverte que décontenancé par ce que je présumais y trouver dedans. Car tout de même, accéder pour 25 francs à des secrets et à des mystères dont tout le monde, c'est sûr, rêve, sans jamais pouvoir les percer ; voilà qui était une expérience peu banale.

Vous pouvez imaginer avec quelle curiosité je me mis à la lecture de l'ouvrage. Hélas ! je n'allai pas tarder à déchanter. Dès le début de son livre, Alexandra David-Neel expliquait que les secrets des moines bouddhistes tibétains n'avaient rien de secret, qu'ils étaient même, paradoxalement, exposés au vu et au su de tous, mais que seuls ceux qui ont « la vue pénétrante » pouvaient les appréhender car ils disposaient d'une vivacité d'esprit et d'un sens de l'observation communs à tous, certes, mais dont le commun des mortels, justement, ne sait d'ordinaire pas se servir.

Eh bien ! je pense qu'il en va des maximes ou des aphorismes[1] comme des secrets des moines boudhistes tibétains. Ils contiennent des trésors d'édification et d'évolution personnelle, mais ceux-ci restent souvent inexplorés car on n'a pas pris le temps de s'y arrêter ou parce qu'on n'a pas su les saisir et les interpréter dans leur profondeur.

Qu'il y paraisse ou non, un aphorisme est porteur de vérité ; il nous interpelle et nous oblige à dire : « Tiens, oui, c'est vrai ; c'est évident ! », quitte ensuite à être d'accord ou non avec la vérité qu'il recèle. En même temps, il constitue un arrêt sur image : dans le flot quotidien des mots reçus et échangés, il isole une idée singulière et lui donne toute sa place.

---

1. J'emploierai ici le terme aphorisme pour désigner toutes les formes de maximes, vérités, préceptes, dictons et autres devises.

Un aphorisme puissant n'est pas forcément compliqué. On le trouve intéressant parce qu'il attire notre attention sur une chose que nous aurions pu ne pas relever. Je vais prendre un exemple : on trouve dans la Bible (Ecclésiaste I-18) : « Qui augmente sa connaissance, augmente sa douleur ». *A priori*, me direz-vous, rien de très renversant dans cette pensée. Nombre d'entre nous pourraient même être plutôt d'avis que « moins on en sait, mieux on se porte ».

Mais si l'on réfléchit différemment à cette citation biblique, on peut commencer à l'interpréter autrement. On pourra, par exemple, comprendre que la connaissance a pour conséquence de nous isoler des autres, et qu'il est douloureux d'être confronté à la solitude. Ou encore, en se plaçant d'un point de vue théologique, faire remarquer que la connaissance dont il s'agit ici est la connaissance de Dieu et que la douleur ressentie est, à l'instar de celle du Christ, celle du *souffrant*.

Pour discutable qu'elle soit, une chose paraît certaine : l'importance d'un aphorisme se mesurera toujours au degré de réputation de celui qui l'a formulé (vous remarquerez au passage que je viens d'énoncer un aphorisme). À quelle personnalité (Gide, Camus, Yourcenar, Elie Wiesel, etc.) ou à quel texte sacré ou précieux (Bible, Coran, Torah, Védas, Tao, etc.) est-il attribué ? Pour reprendre l'exemple cité plus haut, s'agissant d'une citation biblique, hormis les mécréants, tout le monde aura tendance à y donner crédit. À l'inverse, mettez cette même citation dans la bouche de Monsieur Dupont ou dans celle de votre fils ou de votre fille, et vous verrez combien peu de cas on en fera[2]. Ainsi, je vous avouerai qu'il m'est arrivé, en certaines circonstances, de mettre sciemment dans la bouche de quelque grand écrivain mes propres paroles, persuadé qu'elles prendraient ainsi plus de poids (« Si c'est Sartre qui le dit, alors... »).

Oui, c'est bête, mais c'est humain. L'on tend à attribuer la science, l'art et le service des mots à certaines personnes nommément reconnues et réputées qualifiées, mais pour rien au monde nous n'oserions penser que cet art est aussi le nôtre. Comprenons-nous bien, je ne veux pas dire que tout le monde peut devenir un Marcel Proust, un André Gide ou une Marguerite Yourcenar. Je veux simplement dire qu'il n'y a pas

2. Après tout, un collégien pourrait fort bien, dans un moment de dépit, rétorquer à son père ou à sa mère : « N'empêche que, qui augmente sa connaissance, augmente sa douleur », indiquant par là que plus il avance dans sa scolarité, plus les cours et les devoirs deviennent difficiles, et qu'il est bien douloureux de passer son temps à travailler les maths, le français et le reste !

que les autres qui peuvent avoir une pensée intelligente et concise, analytique et rigoureuse, fleurie et élégante, profonde et sensible. Nous, vous, chacun d'entre vous, quel que soit son degré d'intelligence et de culture, quels que soient sa condition sociale et son milieu peut, pour peu qu'il le désire et le décide, apprendre à maîtriser sa pensée et la faire se balader dans les méandres de l'expression.

Je me suis personnellement beaucoup nourri aux aphorismes de ceux qu'on appelle les *grands auteurs*. Ils ont contribué à structurer ma pensée et j'oserai même dire qu'ils ont participé pour beaucoup à l'évolution de l'homme que je suis aujourd'hui.

Marguerite Yourcenar, pour ne prendre qu'elle, m'a mille et mille fois enrichi de ses pensées et l'un de mes grands regrets est certainement de n'avoir pas eu l'occasion de rencontrer cette grande Dame. Ses *Mémoires d'Hadrien* sont une splendeur à bien des égards, mais sur le plan psychologique, elles recèlent une mine d'aphorismes plus perçants les uns que les autres et j'engage quiconque me demande un conseil de lecture à s'y atteler sans plus attendre. Pour ma part, c'est avec elle que j'ai, pour la première fois, pris conscience que la littérature pouvait dépasser le simple plaisir de lire et se révéler une véritable « médecine » de l'âme.

Fort d'un tel constat, il m'est souvent arrivé en consultation psychothérapique de retranscrire sur une petite feuille de papier carré un ou deux aphorismes des *Mémoires d'Hadrien* pour conduire la personne à se pencher un peu plus longtemps sur la question que nous étions en train d'évoquer.

Au vu de l'impact positif que cette technique semblait avoir, je ne tardai pas à utiliser la pratique du « petit papier » avec mes propres commentaires, remarques ou interrogations, m'efforçant d'être le plus précis et le plus concis possible, et il m'apparut peu à peu que ces phrases, tantôt percutantes, tantôt amusantes, tantôt paradoxales, prenaient souvent l'allure d'aphorismes.

Sur un plan professionnel, cette technique me permettait de mieux rythmer la consultation. Interposer entre la personne et moi (voire, entre elle et elle-même) une réflexion non plus parlée mais écrite, avait un effet paradoxal inattendu (écrit-on à une personne qui se trouve en face de soi ?). Les gens, de leur côté, aimaient bien ces papiers qu'ils emportaient avec eux et qui leur permettaient de continuer à réfléchir, à distance, à la question posée.

En observant cette innovation de plus près, je remarquai que les « papiers » pouvaient comporter d'autres avantages : d'abord, si durant la consultation, la personne développait ses habituelles résistances, dehors, plus tard, hors de mon cabinet, ces résistances, de toute évidence, paraissaient moins massives. Ensuite, cette façon de faire me permettait de contrôler de visu ces fameuses résistances. Comment la personne traitait-elle ce papier ? Le laissait-elle sur la table, le roulait-elle en boule, le chiffonnait-elle, le rangeait-elle soigneusement dans son porte-feuille ?) puisque, ce qu'elle faisait du papier revenait, en quelque sorte, à montrer ce qu'elle faisait de ce que je lui disais. Enfin, la réflexion ou l'aphorisme que j'avais inscrit sur ce papier permettait à la personne d'y revenir ultérieurement et de percevoir différemment, à froid si j'ose dire, ce qui y était écrit. Ces mots avaient par conséquent un *effet retard* [3].

Mais l'écriture d'aphorismes, de pensées ou de préceptes n'a pas seulement valeur pédagogique pour qui les reçoit, elle

3. Je pus vérifier cela à maintes reprises avec les personnes revenant me consulter quelques mois plus tard. Toutes ou presque me parlaient des « petits papiers » qui leur avaient souvent permis de se resituer face à un problème donné.

représente aussi un exercice infiniment bénéfique pour celui qui les crée ; ils ont en quelque sorte valeur d'auto-médication. Car, en conceptualisant sous forme de concentration de pensée des vérités qu'on ressent au plus profond de soi être justes, on les authentifie et on les renforce d'autant plus pour son propre compte.

Cet état de choses me conduisit à franchir une autre étape dans mon travail. Si l'écriture d'aphorismes était un exercice profitable pour moi, il était aisé d'imaginer qu'il pouvait l'être aussi pour les personnes venant me consulter. Ce constat me poussa donc à intégrer dans certains de mes séminaires de développement personnel des séquences de conception d'aphorismes. Après un temps d'adaptation et une fois la surprise passée, les participants s'en révélaient très friands. L'encouragement et la dynamique de groupe aidant, ils arrivaient progressivement à sortir de leur réserve intellectuelle et parvenaient à créer des aphorismes de belle consistance. Sur le plan des résultats, les avantages qu'ils en retiraient étaient multiples : perception d'un potentiel personnel insoupçonné, prise de conscience de l'importance du propre discours, apprentissage d'une autre écoute, structuration et concision de la pensée, élaboration de messages flash et de devises personnelles, etc.

Si, au départ, la création d'aphorismes avait pu relever pour moi d'une certaine curiosité intellectuelle, les étapes ultérieures de recherche et de mise en œuvre d'une méthode me permirent donc d'élaborer un outil thérapeutique intéressant à plus d'un titre[4].

*

Chacun crée les aphorismes en fonction du monde de valeur dans lequel il vit ou qu'il côtoie. Ceux que j'écris ont évidemment un rapport avec la démarche intellectuelle et spirituelle qui est la mienne, mais aussi avec le métier que j'exerce et avec *la façon* dont je l'exerce. Je suis un psychologue de l'existence, mes aphorismes sont donc tout naturellement tournés vers la recherche d'une éthique humaniste et existentielle. La table des matières de ce livre est, je crois, éloquente à cet égard : éclairement de l'existence, philosophie de l'action, compréhension

---

4. Je suis loin d'être le premier à m'intéresser à l'outil thérapeutique que constitue le maniement d'une langue. À titre d'exemple, dans les années 1970, le psychiatre américain Anatol Matulis, de l'Institut de recherche psychiatrique de Détroit, avait constaté que pour des patients schizophrènes chroniques, l'apprentissage d'une langue étrangère pouvait grandement faciliter la communication entre eux et leur retour à un environnement plus réel.

de soi et du monde, souci de soi, sagesse de vie, sont mes thèmes de prédilection, tout comme la fantaisie et l'humour qui, j'en suis convaincu, relèvent aussi d'un souci éthique.

Aujourd'hui, l'écriture d'aphorismes est devenue pour moi une sorte de yoga de l'esprit que j'essaie de pratiquer quotidiennement. Ils demandent éveil et discipline, imagination et humour, spontanéité et audace, réflexion et curiosité ; bref tout ce qu'un psychothérapeute doit mettre en œuvre pour entretenir un esprit vif et alerte.

Ce recueil ne marque pas un achèvement. De vous à moi, j'aurais pu garder mes aphorismes dans le secret de mes archives dix ou vingt ans encore s'il ne s'était trouvé un de mes amis pour me pousser à les publier. Ne sachant comment me convaincre, il me lança un jour, sur le ton de la boutade : « Un aphorisme chaque matin éloigne le médecin »[5]. Et d'ajouter avec un petit air à la Pagnol : « Alors publie-moi les, ces petits nectars ; c'est un devoir d'hygiène national ! » Auriez-vous été capable de résister à un tel argument ?

---

5. En fait, la vraie maxime est : « Une pomme chaque matin éloigne le médecin ».

Le résultat est là : vous avez entre vos mains mes *Pensées à mûrir et mes pensées à sourire.* Certaines ont le sourire enjôleur, d'autres le sourire un peu plus grinçant. Mais toutes ont en commun le souci, au détour de quelques phrases, et avec cet éclairage particulier d'écriture qu'est l'aphorisme, de vous faire passer derrière le miroir des mots et de vous montrer les trésors qui s'y cachent.

Toutes les pensées, maximes, préceptes, propositions et suggestions que vous trouverez dans ce livre me sont venus lors de réflexions personnelles ou de discussions. Hormis quelques-uns qui m'étaient trop personnels ou qui n'avaient vraiment aucun sens, j'ai choisi de ne pas expurger ce recueil. Je vous le livre donc tel quel, dans toute sa simplicité et avec - je le présume - toutes ses faiblesses. Tout au plus les ai-je classés par rubriques pour vous en faciliter la lecture ou la recherche. C'est aussi une tranche de vie très personnelle que je vous confie puisque, au travers du travail d'écriture, c'est ma perception intime de l'existance humaine qui, forcément, transparaît ici.

Enfin, *last but not the least*, j'ai pensé qu'il pouvait être intéressant pour vous de pénétrer dans les coulisses des maximes et des aphorismes. J'ai donc décidé de vous livrer mes petits secrets de fabrication. En fin d'ouvrage, je vous montrerai, comme je le fais dans les séminaires que j'anime, comment ils fonctionnent et comment on les crée. Probablement vous sentirez-vous, à vos débuts, aussi déconcerté que le Monsieur Jourdain du *Bourgeois gentilhomme* de Molière, mais vous verrez que, le temps aidant, vous gagnerez rapidement en précision et en profondeur.

Et maintenant, prenez ce recueil par l'endroit qui vous plaira, annotez-le, griffonez-le, ajoutez vos propres commentaires. Croquez dedans comme vous le feriez d'une bonne pomme – le pommier ne passe-t-il pas pour l'arbre de la connaissance ? – Et si quelque aphorisme vous vient à l'esprit en cours de route, j'ai réservé à la fin de ce livre deux ou trois pages blanches à votre intention. Faites en l'expérience, vous verrez, c'est intéressant et très gratifiant. Une vraie mine de vitamines...

La taille des sentiments

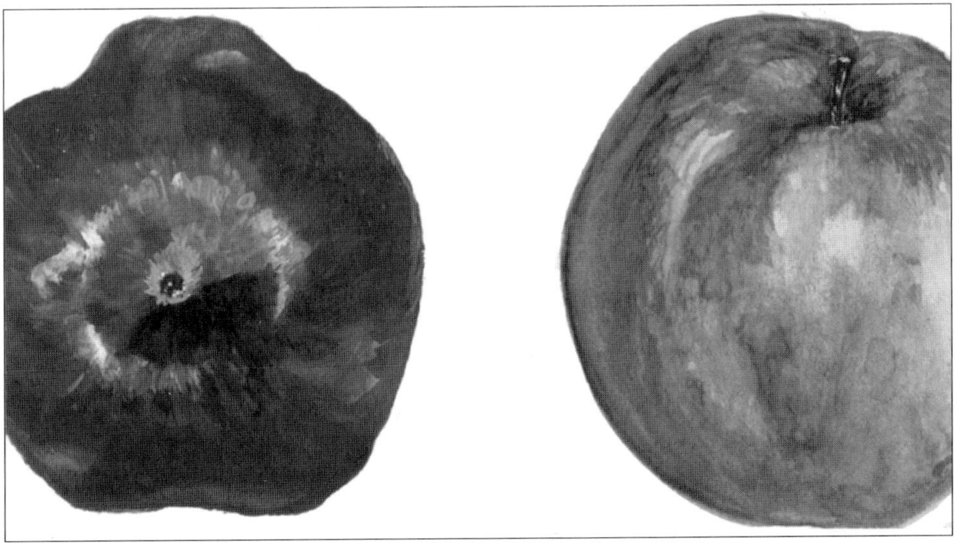

Quand on remet les lunes de miel, on ne part jamais.

*

Pour toujours, c'est aujourd'hui-même.

*

Séduire l'autre, c'est lui prouver quotidiennement
qu'on a des qualités.

*

La gentillesse n'est pas une qualité, c'est une disposition.

*

L'amour est un passeport, pas un douanier.

*

Face à des réponses sécurisantes, tout se met en place.

*

Certains tombent vite amoureux, même s'il ne le sont pas.

*

L'inquiétude grandit avec la distance ; l'indifférence aussi.

*

Pour le meilleur et pour le pire ? Non merci, réglons le meilleur personnellement !

*

Quand on s'expose à l'amour, on est fragilisé.

*

Lorsqu'on met quelqu'un sur un piédestal, il arrive toujours un moment où il veut en redescendre.

*

Le mensonge tue l'amour.

*

Dans la conquête amoureuse, les deux remportent la victoire.

*

Le conflit défigure

*

Le beau parleur, c'est l'homme sexuel transcendé sans l'inconvénient du sexe.

*

Le reproche est un virus.

*

S'endormir dans la fatigue des larmes.

*

Donner est l'autre moitié de prendre.

*

Se voir pour partager des choses, oui.
Se voir pour passer le temps, non.

*

On a tendance à haïr celui dont on dépend.

*

Ce qui condamne l'autre, c'est l'envers de ses qualités.

*

On prend un demi-bonhomme quand on se sent soi-même une demie bonne femme (et inversement).

*

En ne s'ouvrant pas à la relation, on se protège.

*

On choisit au moins autant qu'on est choisi.

*

Les tas d'excuses ne sont pas de bonnes excuses.

*

La séduction, c'est se compromettre sans garantie.

*

Lorsqu'une personne ne nous aime plus, on n'a plus affaire à la même personne.

*

Très libérée sexuellement, donc très dépendante des hommes.

*

La jalousie est un haut-le-cœur.

*

L'amour, c'est faire quelque chose d'impossible qu'on ne vous a pas demandé.

*

Elle ne s'aimait pas. Ou peut-être s'aimait-elle trop, ce qui revient au même.

*

La séduction, c'est voir si l'autre va marcher.

*

Ne confondons pas se *rencontrer* et *aboutir* : certaines personnes qui ne méritaient pas de se rencontrer aboutissent pourtant ensemble.

*

Aimer, c'est reconnaître l'autre comme une personne différente de soi-même.

*

Ce n'est pas parce qu'on ne plait pas à quelqu'un que celui-ci n'est pas attiré par nous.

*

Un cadre bien rangé, c'est déjà de l'amour.

*

On peut comprendre, pas effacer.

*

Plus la femme est mal, plus l'homme se montre dur avec elle.

*

Plus qu'une incapacité, une peur de la solitude...

*

Il est normal de chercher l'amour, il est normal aussi de ne pas le trouver tout de suite.

*

L'infidélité est une encre indélébile.

*

La première condition de l'amour est le respect.

*

Une femme qui ne se force pas passe pour une nymphomane.

*

Ce n'est pas parce qu'on est d'accord sur les bienfaits de la danse qu'on aime personnellement danser.

*

La jalousie est une déformation de la réalité.

*

Plus on se réfrène plus on est en attente.

*

Donner du beau à l'autre, c'est lui donner aussi des efforts de ce dont on n'a pas spécialement envie.

*

Tomber amoureux, c'est être étonné.

*

L'érotisme, c'est Agapè dans Eros en conservant Philia.

*

Cette partie de moi-même n'appartient qu'à moi-même et ne pourrait que lui faire mal...

*

L'amour guérit l'amour.

*

Il est difficile de reconnaître le désir de l'autre si on ne le partage pas.

*

Toute relation démarre par une rencontre.

*

Nos yeux regardent dans la même direction, mais ne se heurtent pas aux mêmes obstacles.

*

L'abandon est la rançon du peu d'amour.

*

Ouvrir les écluses du cœur.

*

Quand aucun prétexte n'existe plus, l'on est contraint de se dévoiler.

*

On sent encore plus sa faiblesse avec quelqu'un à qui l'on tient beaucoup.

*

L'amour, c'est la nostalgie d'un seul être.

*

La désillusion chez une femme, c'est de s'apercevoir que chez l'homme, les choses sont dissociées.

*

L'illusion est toujours productrice de distance.

*

Parler d'amour, c'est comme parler d'une couleur qui n'existerait pas.

*

Pas symétrique, réciproque !

*

C'est à celui qui sait à aller vers celui qui ne sait pas.

*

L'idéal de l'un est souvent vécu comme banal par l'autre.

*

À force de voir loin, on ne voit plus ce qui est à côté de soi.

*

Le refus est encore pire que le manque.

*

C'est une façon d'être adulte que de penser que l'autre peut s'inquiéter.

*

En général, la goutte d'eau qui fait déborder le vase n'a rien à voir avec le vase en question ni avec l'eau.

*

On tend toujours à idéaliser ce qu'on craint de perdre.

*

La liberté, ce n'est pas seulement de dire non,
c'est aussi de dire oui.

*

Il faut savoir entendre les caprices, mais pas les écouter.

*

Si votre bon droit vous rend malheureux, il n'est
pas un bon droit.

*

Quand on se donne, on découvre des sensations qu'on ne
connaissait pas ; c'est une forme de confiance.

*

La retenue des émotions fait la violence.

*

La vie est une barque, le premier aviron a pour nom amour, le second, liberté.

*

Quand un être est sincère, c'est réciproque.

*

Le but d'un caprice, c'est d'être énoncé, pas satisfait.

*

Exprimer les choses, ça change la manière de les ressentir.

*

Compter sur l'autre, c'est promouvoir ce dont on a envie.

*

La peur de l'abandon fait qu'on le provoque.

*

L'indifférence est un symptôme de la déception.

*

Dans la jalousie, on observe tous les signes, même
ceux qui n'en sont pas.

*

En amour, il ne devrait y avoir ni fierté ni orgueil.

*

Personne n'est à personne.

*

La passion, c'est quand on ne peut pas faire autrement.

*

Être libre, tout en sachant aimer.

*

Mieux vaut bien accompagné que seul.

*

Être capable de se faire couler un bain et ne plus exister pour personne que pour soi. En même temps, avoir le sentiment qu'on sera quand même aimé(e).

*

La beauté
intérieure

La personnalité est une façon intime et unique de vibrer avec le monde.

*

L'inaccessible n'est qu'apparence.

*

Le bonheur est la récompense des gens généreux.

*

La vie est un océan, l'existence un navire.

*

Être adulte : une distance de soi par rapport à soi.

*

La non-violence va de pair avec l'exemplarité.

*

L'intelligence qui ne se met pas au service de la communauté est toujours stérile.

*

On ne doit pas dire une chose méchante même si elle est vraie, mais on ne doit pas taire une chose vraie, même si elle est méchante.

*

Pour être curieux, il faut être un peu révolté.

*

L'école de la vie, c'est l'école de l'effort, mais c'est aussi l'école de la passion.

*

La philosophie est l'hôpital de la poésie.

*

L'oisiveté engendre des fréquentations toujours suspectes.

*

La violence est une force qui n'a pas trouvé sa beauté.

*

La beauté est sans barrière.

*

Une vérité qui change de contexte n'est plus une vérité.

*

Les seules questions honnêtes sont les questions sans réponse.

*

L'éducation à la paix, c'est l'éducation tout court.

*

Le respect est le préambule de toute chose.

*

Toute valeur est un choix.

*

Une cause peut servir plusieurs causes à la fois.

*

Toute société modèle sa morale sur ses nécessités.

*

L'éternité, c'est la joie sur cette terre.

*

Certains hommes ont un supplément d'âme.

*

Travailler, c'est transformer de la connaissance en énergie.

*

Le respect est la juste mesure de la raison et du cœur.

*

Le sens de la vie ne nous est pas donné, mais laissé.

*

La vie sociale n'est pas un choix, c'est une obligation.

*

L'enfant apprend, l'adulte s'éduque, le vieillard enseigne.

*

L'intelligence est une fonction sociale.

*

Liberté : un mot qui a plus de valeur que de sens.

*

Être militant, c'est se reconnaître dans les autres.

*

La liberté, c'est le sentiment existentiel du construit.

*

L'idéalisme, c'est l'éthique sans lendemain.

*

Beaucoup de mystères cachés se révèlent être
des trompe-l'œil.

*

La culture, c'est ce qu'on reçoit par filiation, mais c'est aussi le bain qu'on se choisit.

*

L'effort est un élixir de vie.

*

Les

principes

actifs

Un œil neuf voit toujours les choses plus simplement.

*

Le contrepoids du risque est la curiosité.

*

Le succès, c'est pousser loin une chose.

*

La volonté, c'est aller jusqu'au bout de ses décisions.

*

La systématique du succès, c'est d'agir chaque fois qu'il y a quelque chose à faire.

*

Dresser la vie, c'est la faire à son image.

*

Le risque calculé, c'est le risque qui tient compte de l'expérience.

*

À force d'attendre, c'est le temps qui choisit pour nous.

*

Tout ce qui se fait vite se défait vite.

*

Être à l'écoute de ce qui est bon pour moi.

*

La démesure, c'est ce qui détruit la mesure.

*

En mettant la barre trop haut, on rend les choses inaccessibles.

*

La répétition fait le succès, le succès la multiplication.

*

Je ne suis pas libre d'être tel que je suis, je suis libre
de ne pas le rester.

*

Tout changement se fait dans le sacrifice.

*

Les choses positives sont tellement évidentes qu'on ne s'en aperçoit pas.

*

Notre sentiment de vie est l'applaudimètre de notre personnalité.

*

Transformer le temps en actions, c'est transformer le temps en sentiment d'existence.

*

Quand on évolue dans un domaine, tout s'agrandit en même temps.

*

Agir, cela veut dire faire partie d'un projet.

*

Les erreurs peuvent être l'objet de petites leçons.

*

Il faut savoir doser le fait d'oser.

*

Les projets, ça donne de la consistance au présent.

*

Le peut-être, ce n'est pas l'imprévu qui nous arrive mais l'inconnu que nous faisons arriver.

*

Les espoirs, ça s'organise.

*

Deviens ce que tu es : le futur d'un présent.

*

Un problème, c'est une situation qu'on résout à coup de décisions.

*

Les prétextes entravent l'action.

*

S'interroger, ce n'est pas douter, c'est se donner les moyens d'avancer malgré tout.

*

Un effort nourrit l'envie d'en faire d'autres.

*

Toute journée est une nouvelle vie.

*

Plus nous nous rendrons éducable, moins nous aurons à souffrir.

*

Le changement s'écrit rarement en rose.

*

Imposer une distance permet de juger.

*

Apprendre à agir en fonction de ce que je veux et non de ce que veulent les autres.

*

Pour savoir ce qui m'attend, il faut que j'expérimente.

*

Le succès fait l'effort.

*

Pour partir sur une idée, il faut aimer le risque.

*

L'action multiplie l'action.

*

Finalement, action et passion sont une seule et même chose.

*

Cela ne me coûte rien puisque j'aime ça.

*

Quand on sait qu'on a des excuses, on n'a plus d'excuse.

*

La passion est la récompense de l'effort.

*

Il vaut mieux rester sur une déception que sur un espoir déçu.

*

Comment apprendre la volonté ? En se fixant des limites.

*

La fantaisie, c'est se faire des politesses, mais des politesses très nécessaires.

*

Ne confondons pas reconnaissant et débiteur.

*

Moins on sait, plus on est péremptoire, plus on sait, plus on est circonspect.

*

La rigueur d'aujourd'hui est la crédibilité de demain.

*

Toutes les qualités humaines s'apprennent.

*

Les si sont des barrières.

*

C'est par le partage qu'on arrive à soi-même.

*

Le succès fait la répétition ; la répétition fait le succès.

*

Il ne faut pas juger le travail, il faut juger l'effort.

*

La vie est à vivre, ce qui ne va pas sans quelques blessures.

*

Même les choses faciles sont importantes.

*

Plus qu'à la magie du passage, je crois à celle de la continuité.

*

Il y a oser et réussir et oser et ne pas réussir, mais oser n'aurait pas de sens si on réussissait toujours.

*

Comme pour la musique, l'apparente facilité cache infiniment de travail.

*

Le bonheur est constitué de tant de choses qu'il en manque toujours une, et peut-être est-ce précisément dans ce manque qu'il réside...

*

Tout l'art de l'amitié consiste à se rendre cher sans se rendre rare.

*

Écrire, c'est continuer la conversation.

*

Un cadeau, c'est comme accueillir quelqu'un chez soi.

*

L'esprit du dessous impose son point de vue, l'esprit du dessus le négocie.

Le bien, il faut le faire quand les gens sont vivants.

*

La lecture est un yoga, chaque livre est une position de plus.

*

La culture, c'est expliquer la complexité de la vie.

*

La liberté est une victoire de l'esprit.

*

En construisant, on se construit !

*

Le projet donne de l'épaisseur à l'action.

*

Le temps est ce qu'on en fait.

*

La chance, ça s'apprend aussi.

*

La volonté, c'est la répétition d'un choix.

*

L'objectif de l'effort, c'est la réussite.

*

L'important n'est pas de savoir ce que nous sommes
mais ce que nous en faisons.

*

L'intelligence, c'est aussi une décision.

*

La volonté soutient la personnalité, elle ne la précède pas.

*

La passion doit nourrir la patience.

*

Plus on veut de bonheur, moins il faut avoir peur de souffrir.

*

Nos chemins sont toujours empreints de nos rencontres.

*

Tout est dans

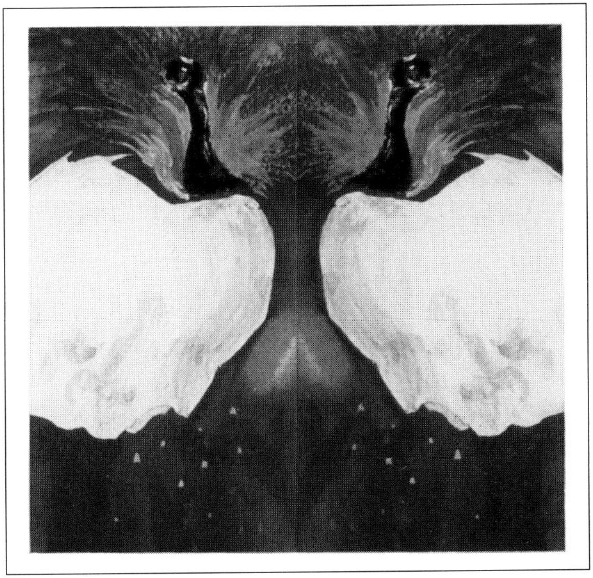

la tête

Ce n'est pas parce qu'on dit non qu'on ne veut pas.

*

L'on s'attribue généralement la valeur de l'opinion des autres.

*

On n'est pas sûr d'avoir la force qu'on prétend avoir, mais on n'est pas certain non plus d'être aussi faible qu'on le présume.

*

On ne prend pas de décision importante sans de vieilles rancunes.

*

Le stress est ennemi du désir.

*

Le soulagement, ce fer rouge qu'on plonge dans l'eau.

*

Un événement est toujours moins dur à surmonter que la peur d'un événement.

*

Le perfectionnisme est un refus.

*

La timidité est un symptôme de l'orgueil.

*

Le perfectionnisme, c'est la sublimation de la banalité.

*

On produit ce qu'on redoute (pour ne plus avoir à le redouter).

*

On n'est jamais totalement étranger à ce qui nous arrive.

*

La fatigue, ça empêche de voir loin.

*

Qui trop comprend les autres a tendance à s'oublier.

*

On commence à se sentir mal lorsque l'émotion
dépasse l'intelligence.

*

Certains silences sont éloquents.

*

L'orgueil est la seule façon de rendre l'imaginaire possible.

*

La confiance appelle la performance et vice-versa.

*

Étrange phénomène qui nous conduit à vouloir quelque chose et à pourtant en rester à distance.

*

Si je demande à être gâté, je demande à être asservi.

*

Si on n'a pas vu le temps passer, c'est qu'on ne l'a pas mis à profit.

*

L'habitude dissout les problèmes sans les résoudre.

*

On a dix fois plus de mal à se mettre à une chose qu'à la faire.

*

Le respect de celui qui ne respecte pas n'est pas à respecter.

*

À force de reporter au lendemain on finit par croire qu'on a cent choses à faire.

*

Tout le monde commet des erreurs dans la vie, mais la vraie erreur, c'est de rester dans l'erreur.

*

La gâterie est un moyen de se faire aimer, non un moyen de séduire.

*

La droiture est une rigidité qui force l'admiration.

*

Quand on n'est pas maître de son temps, on ne peut pas être généreux de sa personne.

*

On ne peut pas être fier de ce qu'on n'admire pas.

*

Un échec, ça se constate, des limites, ça se dépasse.

*

Il y a des courages qui nous dépassent.

*

Ne confondons pas culture et mondanité.

*

L'hypocrisie est une petite bombe à retardement.

*

Il suffit d'être un autre soi-même pour se contredire.

*

Trop entier, donc trop élémentaire.

*

Les querelles sont toujours faites de choses ridicules.

*

Moins il y a de savoir, plus il y a d'autoritarisme.

*

L'interdit intéresse d'autant plus.

*

L'expérience inflige parfois des démentis.

*

La comparaison est toujours meurtrière.

*

Un homme en retard en vaut quatre !

*

On peut être fier d'une qualité qu'on possède et pourtant en souffrir.

*

La fantaisie est l'huile de graissage de l'optimisme.

*

Nos idées, c'est notre façon de vivre.

*

La répétition appelle la lassitude.

*

La décision se nourrit à coup d'indécisions.

*

Ne confondons pas avoir le sens de l'humour et faire le clown.

*

Tout ce qui est marginal peut devenir le centre pour les autres.

*

Ne confondons pas spontanéité et bêtise de l'instant !

*

Quand on y met tout son poids, on a du poids.

*

L'agir de l'un entraîne le réagir de l'autre.

*

Tous les jours de la semaine représentent une échéance.

*

On empoisonne son corps avec l'inaction mieux qu'avec l'arsenic.

*

La démesure engendre le tyran.

*

Rester dans l'erreur conduit à de plus graves erreurs.

*

Envie et non envie sont fonction des limites que nous nous imposons à nous-même.

*

Notre comportement développe ce que les autres sont avec nous.

*

Le désordre est une compagnie.

*

La colère est un sauf-conduit destiné à avaliser le refus.

*

La dureté est un manque de consistance.

*

L'incertitude est un loisir.

*

On fait les choses par-derrière qu'on sait être mauvaises,
sinon on les ferait par devant.

*

De l'éducation et des enfants

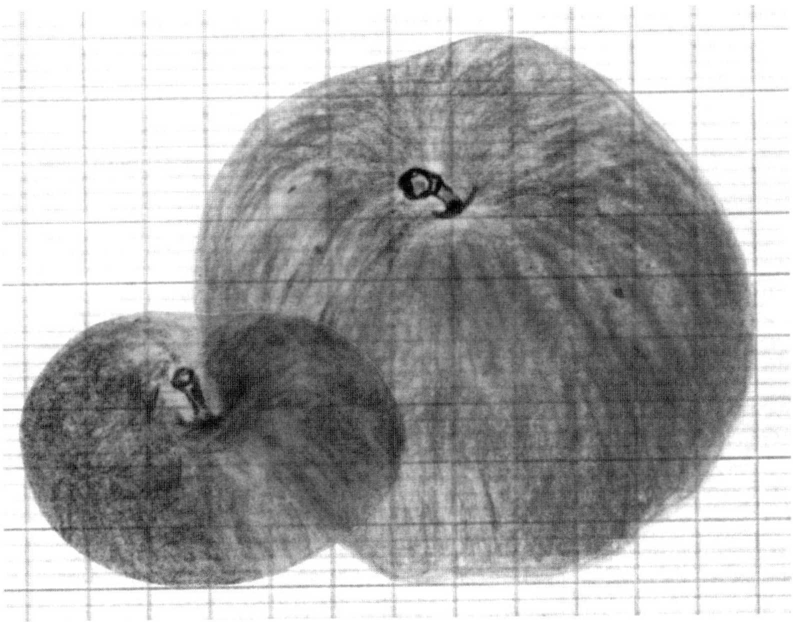

L'encouragement adoucit l'âpreté de l'effort.

*

L'adolescence, ce cartilage.

*

Sans famille mais pas orphelin.

*

L'éducation sévère, ça forge la déception, pas le caractère.

*

Le mot éducation ne signifie rien en lui-même,
il ne prend tout son sens que lorsqu'on y associe
l'éducateur, c'est-à-dire le parent.

*

Chez l'enfant, la « bêtise » est un acte d'intelligence.

*

Certains parents sont moins mère et père que femme et homme, mais ils ont un rayonnement de femme et d'homme dans lequel les enfants sont heureux.

*

Les enfants, ce ciment que les parents gâchent pendant des années pour colmater leurs propres failles.

*

Enfants d'aujourd'hui, frères de demain.

*

En étant catégorique, on se protège.

*

L'intérêt décuple l'autonomie.

*

Le respect est la qualité la plus propice à la transmission.

*

La discipline, c'est maîtriser, pas restreindre.

*

Le plus grand vecteur de l'intelligence, c'est l'éducabilité.

*

L'enfant viendra dans *notre* monde si nous reconnaissons son monde.

*

Seuls les enfants peuvent changer le béton en miel.

*

Le cœur se multiplie, il ne se divise pas.

*

Enfants avec grands-parents : complices !

*

Un enfant, c'est Noël !

*

Tout ce qui a été noué peut être dénoué.

*

Humain...

... trop humain

Il est plus difficile d'encenser les autres que de les plaindre.

*

Dos au mur, on élude les questions superficielles.

*

On ne perçoit vraiment la réalité que lorsqu'elle s'exprime de façon négative.

*

On manifeste d'autant plus de désirs qu'on a moins souvent l'occasion de les satisfaire.

*

Le jour où les batailles interminables se terminent, c'est toujours en votre défaveur.

Quand on dit : je ne sais pas, on finit toujours par le faire.

*

Le changement rend euphorique de ce qu'on a gagné
et nostalgique de ce qu'on a perdu.

*

Quand on est complexé, on pense moins à se révolter.

*

Quand on se sent médiocre, on ne supporte pas
que les autres vous dépassent.

*

Nos comportements sont moins le reflet de notre
personne que celui de nos préjugés sur nous-même.

Les gens trop exigeants induisent le mensonge.

*

Nous ne pouvons que modérément faire
le bonheur des autres.

*

La possession est le bastion avancé de la propriété.

*

Le danger est la manière dont on perçoit émotionnellement
le risque.

*

D'une certaine ignorance découle une certaine tranquillité.

*

On n'est jamais aussi orthodoxe que lorsqu'on a soi-même péché.

*

Quand on veut des privilèges, c'est qu'on veut rester petit.

*

La colère est un désespoir minuscule.

*

Une perte de goût ne va jamais sans une perte d'appétit.

*

L'autorité est un ersatz de la présence.

*

Il ne faut pas confondre liberté et confort.

*

Le laxisme, c'est lorsque l'abstention tourne mal.

*

L'autorité chez les gens, c'est ce qui remplace leur présence.

*

Ça n'enlève rien de se venger.

*

L'accoutumance, cette adrénaline.

*

Plus on se sent faible, plus on a envie de gâterie.

*

Le mauvais se supporte encore moins bien que le débutant.

*

Ça use la volonté d'être bien.

*

L'homme ne voit que ce qu'il craint de perdre.

*

Le manque de volonté est une peur de l'avenir.

*

On a ses vilenies personnelles.

*

La peur de se tromper est une peur de regretter.

*

Le choix implique une souffrance à celui qui regarde sans cesse derrière.

*

La vie, cette étrange relation entre un quotidien et de vieilles choses qui s'y superposent.

*

Les gens aiment les gens dans la douleur.

*

L'intransigeance, cette excision mentale.

*

On voudrait aller vers les autres, mais on est tous un peu couards.

*

La vulgarité est une réaction contre l'angoisse et un refus d'aborder les problèmes philosophiques de l'existence.

*

Quand on ne respecte pas les gens c'est qu'on les méprise.

*

On se prend pour quelqu'un de juste alors qu'on est seulement quelqu'un de faible.

La haine enlaidit toujours.

*

Il n'est pas simple de trouver bien ce qu'on a décrié
en d'autres temps.

*

Sur des bases sordides, on ne fera jamais un conte de fée.

*

En faisant un peu le clown, on évite de perdre ses moyens.

*

Toutes les pollutions cherchent le prosélytisme.

*

Ce sont ceux pour qui on a fait le plus qui vous montrent le moins d'attachement, comme si leur dette entachait leur amitié en notre endroit.

*

Tricher empêche de se poser les vraies questions.

*

L'argent ne remplace pas ce que vous ne savez pas.

*

Même la pensée a des habitudes.

*

Bienheureux celui qui peut ne souffrir que pour lui-même.

*

On laisse traîner les choses pour montrer qu'on est très occupé.

*

Quand on côtoie des gens formidables, on se sent formidable, ce qui ne laisse pas d'être inquiétant !

*

Nul n'est innocent.

*

Les confidents sont toujours un peu insolents.

*

Il est bien difficile d'avoir l'humour de son âge.

*

Faire un effort, ce n'est pas être courageux.

*

Le chagrin est égoïste.

*

On n'a pas forcément envie de servir de nourriture aux problèmes des autres.

*

Le cynisme est un petit cri de désespoir.

*

La morale est une comédie comme une autre.

*

Rien de plus humain que d'aller là où on a le plus de chances de gagner.

*

L'intérêt dans un tableau, ce n'est pas qui l'a fait mais ce qu'il inspire.

La lâcheté est une faiblesse de la volonté et une force de la peur.

*

Rien n'est plus désagréable que de trouver chez les autres nos anciens défauts.

*

De bouche à oreille

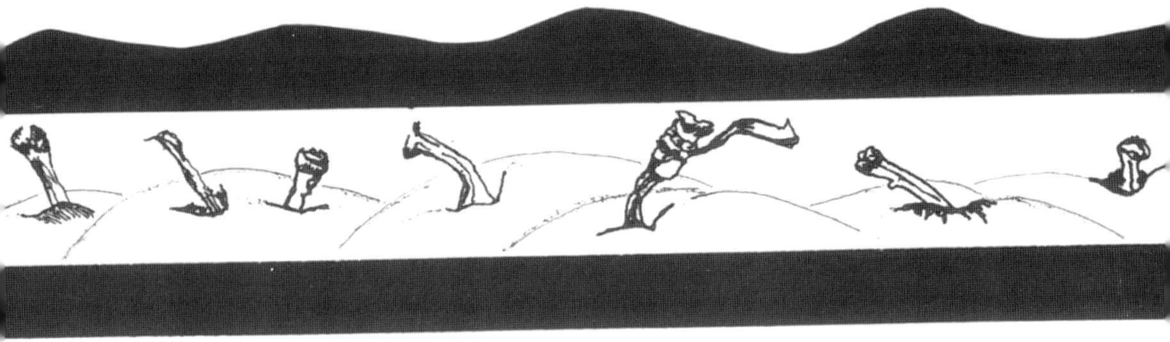

La communication est un cadeau.

*

On est tous un peu coincés de la parole.

*

La peur de parler n'est pas une difficulté de s'exprimer
mais une peur de déplaire.

*

Un problème n'est rien de plus qu'un événement
qui a mal tourné.

*

La discussion est une respiration de l'âme.

*

Prendre du temps avec les autres, ce n'est pas perdre du temps.

*

Petit jeu, jeu de petit !

*

Ce n'est pas parce qu'on est du même avis qu'on pense la même chose.

*

Le tutoiement ne rapproche pas forcément de l'authenticité.

*

On n'a pas besoin de forcer pour jouer fort.

*

Plus on se tait, plus on dit des bêtises.

*

Si je pense laid et vulgaire dans ma tête, j'agirai laid et vulgaire dans ma vie.

*

Le poids des mots ; le choc aussi !

*

Parler le langage des autres ne signifie pas parler comme eux.

*

Quand on parle vrai, la distance diminue.

*

Soit je communique mal ce que je suis, soit je suis vraiment comme ça mais je ne me vois pas.

*

Qu'importe qu'on ait de la valeur si on ne sait pas la mettre en valeur.

*

Très dur, car très vulnérable.

*

Il ne faut pas tant demander aux autres que de faire en sorte qu'ils aient envie.

*

Tout ce que font les autres n'est pas forcément pour notre bien (ni pour notre mal).

*

Gâter l'autre, c'est le réduire.

*

Certaines personnes pèsent toujours leurs paroles sans jamais mesurer leurs mots.

*

Bien entendu mais mal compris.

*

Communiquer, c'est donner et recevoir.

*

Ne confondons pas écouter les gens et les regarder parler.

*

Apprendre à s'exprimer, c'est apprendre à prendre position.

*

Un réactif est un actif qui s'ignore.

*

Les choses définies par les autres apparaissent
souvent comme des réponses.

*

Passez-moi l'expression !

*

Le risque, c'est ce que nous refuse l'autre.

*

Dès qu'on a des idées personnelles sur les choses,
on se marginalise.

*

Les seules questions idiotes sont celles qu'on ne pose pas.

*

Les mots peuvent agir comme des vitamines ou
comme des poisons.

*

Les choses simples ne passent pas forcément simplement.

*

Un pas en avant, deux en arrière, ça fait quand même un pas en arrière.

*

La violence est la forme la plus directe de la non-reconnaissance.

*

La vérité vient en parlant.

*

Ignorer, c'est s'enfermer.

*

A beautiful word is a joy forever.

*

C'est le regard qu'on pose sur les choses qui rend les choses difficiles.

*

Débusquer l'illusion du choix.

*

Le pessimisme, c'est se raccrocher à des branches mortes.

*

Moins on a de recul, plus on a besoin d'émulation.

*

Ce n'est pas tant ce qui se passe qui dérange que la façon dont on le prend.

*

L'humour est un moyen remarquable de se faire comprendre.

*

La qualité d'un conseil dépend de qui on le prend.

*

On n'est pas vraiment soi-même avec les autres tant qu'on ne leur a pas démontré notre valeur.

*

Cela va sans dire. Hélas !

*

Quand on critique beaucoup les autres, c'est qu'on n'est pas content de soi.

*

Un flot de silence est aussi mauvais qu'un flot de paroles.

*

À partir du moment où un sous-entendu nous paraît clair, nous tendons à penser qu'il est compris.

*

Quand on ne comprend pas la personnalité de quelqu'un, on fait son jeu.

*

Il existe une différence entre se sentir admis(e) et savoir qu'on a sa place.

*

Pourquoi parler beaucoup serait-il une qualité ?

Quand la question est bonne, la réponse vient très vite.

*

La mauvaise foi est une bonne intention qui a mal tourné.

*

Difficile de parler de soi sans faire d'esbroufe.

*

Ne pas dire est un manque d'honnêteté. Tout dire aussi.

*

Ce n'est pas parce qu'on veut être vrai qu'il faut tout dévoiler.

*

La subjectivité est mauvaise conseillère.

*

Reconnaître ne signifie pas forcément comprendre.

*

Tout ce qui est socialement reconnu est réputé intéressant.

*

Le sens critique, c'est distinguer les choses plus ou moins vraies des choses plus ou moins fausses.

*

Les mots habillent les actes.

*

C'est un souci intéressant que de se faire comprendre.

Du côté du divan

Les petites choses personnelles sont les grandes choses de l'inconscient.

*

La mythomanie, c'est la fantaisie moins l'avenir.

*

Tout système contient en lui-même l'extrême qui nous échappe.

*

Avoir des problèmes, ça permet de bâtir une connaissance.

*

Les succès personnels agacent les autres car ils craignent qu'ils leur portent ombrage.

*

Le type de préoccupations qu'on a produit les événements que l'on craint.

*

La dépression est une maladie du désir.

*

L'angoisse est une façon de combler l'attente.

*

Le vertige est un saut dans l'inconnu.

*

L'insomnie, c'est lorsque l'idée se fait plus forte que la personne.

*

Plus on essaie d'échapper au plaisir, plus on s'éloigne de la réalité.

*

La folie de la rage est une folie de l'impuissance.

*

Le stress est un rétrécissement de la conscience.

*

L'envie est un désir aliéné.

*

Les gens gâtés mettent des problèmes là où il n'y en a pas.

*

Comme rien ne l'intéresse, il déprime, et vice-versa.

*

Tout problème humain est un état d'esprit.

*

La projection est un hypnotisme.

*

Toutes les inhibitions prennent la tournure d'un devoir rébarbatif.

*

Plus on a peur, plus on s'en invente d'autres.

*

Les généralisations sont des impostures.

*

Le mot dommage contient en lui-même tous les dégâts occasionnés par le doute et le remord.

*

Il n'est pas nécessaire de se mettre devant le précipice pour avoir peur.

*

Quand on est angoissé, on est socialement improductif.

*

Les problèmes qui arrivent vite sont les plus faciles à assumer, ce sont les plus lents qui sont douloureux.

*

Sacrifier, ce n'est pas renoncer, c'est savoir déplacer l'envie.

*

Les causes de culpabilisation sont des alibis névrotiques.

*

La culture, dit-on, est ce qui reste quand on a tout oublié ; la personnalité, c'est ce qui reste quand on a tout retrouvé.

*

On a toujours peur de ce qu'on ne connaît pas.

*

L'angoisse est l'expression d'une overdose de surmoi.

*

Le névrosé est l'arpenteur de l'impossible.

*

L'oralité, c'est ce que le commun des mortels
appelle : la flemme.

*

Quand on refuse le dialogue avec la vie, c'est le corps qui parle.

*

Finalement, l'inconscient, c'est tout ce qu'on ne peut pas faire.

*

La faiblesse est un jugement de valeur.

*

L'envie, c'est le manque.

*

Le privilège est une gâterie pour adulte.

*

Si on se voit petit depuis qu'on est petit, il est difficile de se voir grand.

*

Le risque, c'est ce que nous refuse l'autre.

*

Egalité d'humeur ne veut pas dire absence d'humeur.

*

La conscience est une brûlure.

*

La honte, c'est la peur de paraître quelque chose.

*

L'essentiel n'est pas de savoir comment on tombe en dépression mais comment on en sort.

*

La base de l'être, c'est la connaissance de soi.

*

Quand on se sent mal avec les gens, c'est qu'on n'a pas envie de les rencontrer.

*

Nous allons toujours vers ce dont nous avons inconsciemment besoin.

*

L'intéressant dans une vengeance, c'est ce qui a lieu en amont.

*

Au banquet de la personnalité, rares sont ceux qui ne quittent pas la table avant le dessert.

*

La névrose est un conditionnement.

*

Nos comportements sont les haut-parleurs de notre vie intérieure.

On devient agressif lorsque les miroirs deviennent insupportables.

*

L'angoisse est une vision.

*

Ce n'est pas ce que les autres font qui nous dérange, mais la manière dont ils le font.

*

Verser dans la folie, c'est mourir à soi-même.

*

L'autonomie est une aptitude à être notre propre père et notre propre mère.

Ce n'est pas l'angoisse qui met en échec, mais la certitude de l'échec.

*

On n'entre pas dans une personnalité comme dans un moulin.

*

Quand il n'y a plus de faute, il n'y a plus de névrose.

*

Pas méchant, juste incisif...

*

Est « normal » ce qui me convient.

*

Il y a des personnes en nous que nous n'aurions, sans certains deuils, jamais rencontrées.

*

Lorsqu'on se place autrement, on voit le problème autrement.

*

La névrose est un non-sens.

*

Le rejet fait redouter l'échec.

*

Ne confondons pas avoir des états d'âme et manquer d'occasions.

*

Le négativisme est un tic.

*

On croit en soi tant qu'on a des choses à réaliser.

*

Si je m'en rends compte, c'est que je peux le corriger.

*

La névrose, c'est se faire mal avec le mal qu'on nous a fait.

*

L'essentiel n'est pas de savoir comment on tombe en dépression mais comment on en sort.

*

Il faut parfois se donner les moyens de perdre pour être gagnant.

*

La prise de conscience est un acte de courage.

*

Exil

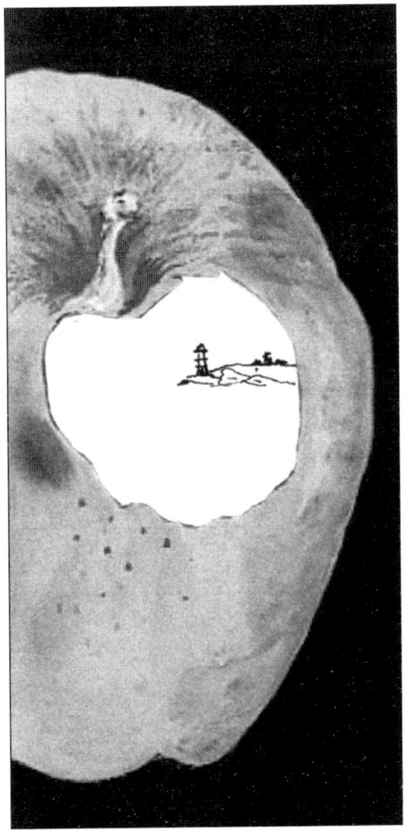

Toute négation de soi est une barrière pour l'avenir.

*

L'absence de racines redouble la solitude.

*

Quand on n'a pas d'espoir, on vit au jour le jour.

*

Quand on a des oeillères, on suit le trait.

*

La déception supprime la foi.

*

Désespéré signifie sans projet.

*

On ne sort pas indemne d'une frustration.

*

Le manque de volonté est une peur de l'avenir.

*

La timidité est le cercle enchanté de la solitude.

*

Plus les privilèges ont été importants, plus les regrets sont amers.

*

Le temps ne respecte pas ce qu'on fait sans lui.

*

La leçon est la conclusion de la crise.

*

Ce qu'on garde en secret, c'est soit ce qu'on adore, soit ce dont on a honte.

*

Sublimer les souvenirs constitue toujours une impasse.

*

Un tunnel a toujours une sortie.

*

Le minimum est une négligence de soi-même.

*

On reste superficiel tant qu'on ne voit pas l'utilité des choses.

*

Plus je renonce, plus je m'isole.

*

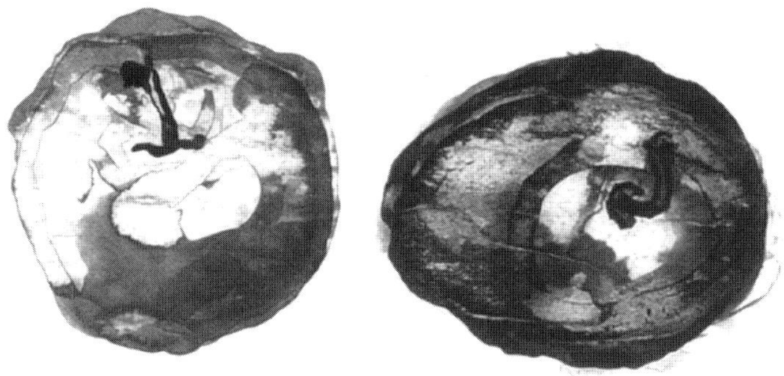

Le jardin sacré

Pour obtenir la réponse à un problème qui se pose à nous, le meilleur moyen est de s'écouter.

*

Le pardon, c'est la décision émotionnelle qui tourne bien.

*

Ne pas toujours chercher le sens de la vie mais aller vers les choses qui vont remplir notre vie de sens.

*

Les livres sont les friandises de l'âme.

*

Quand on est soi-même, il n'y a rien à défendre.

*

Cultive en toi ce que tu vas chercher chez les autres.

*

L'humour, c'est les couleurs de l'esprit.

*

Il y a toujours une part de soi qu'on n'écoute pas.

*

La pudeur : cacher quelque chose qu'on pense avoir trop vite montré.

*

Quand tout est plus simple, tout devient plus facile.

*

L'intelligence et le bonheur ne vont de pair que lorsque celle-ci se met au service de celui-là.

*

La poésie, c'est le rêve de la beauté du monde.

*

La distance crée des attraits que l'attrait lui-même ne soupçonne pas.

*

Demain guérit déjà d'hier.

*

Le destin, c'est la rencontre d'un caractère et d'une situation.

*

En prenant ta place, tu découvriras ta liberté.

*

La bonne humeur est une forme de générosité.

*

La transparence, c'est atteindre à la légèreté.

*

Poser les vraies questions entraîne les vraies réponses.

*

On n'attache jamais assez d'importance aux personnes
qui nous sont chères.

*

C'est une grande force que de ne pas se sentir supérieur aux autres.

*

Les hommes de grand cœur souffrent toujours.

*

Les vrais talents ont toujours un côté altruiste.

*

La générosité est un apriorisme positif sur les gens et sur la vie.

*

La sensibilité est une intelligence des rapports avec autrui.

*

La vie est courte à quiconque est amoureux de la vie.

*

Qu'est-ce que le bonheur si ce n'est une question
de conscience?

*

Les choses les plus vraies sont souvent les plus simples.

*

Entrer dans le jeu de la vie, c'est entrer dans le jeu du partage.

*

L'envie naît de l'imagination.

*

À force de réfléchir, des opinions se forment.

*

L'originalité est le champ d'action de l'imaginaire.

*

Original, cela veut dire : en accord avec soi-même.

*

C'est par le partage qu'on arrive le mieux à soi.

*

Plus les temps sont courts, plus il faut les rendre précieux.

*

L'art de vivre, c'est briguer la multiplicité sans briguer la répétition.

*

Le réel, c'est ce que me suggèrent les choses.

*

Un endroit est le reflet de ce qu'il y a autour.

*

La spiritualité, c'est lorsque la raison ne comprend plus mais que le cœur a envie d'accepter.

*

Un idéal sans rapport avec la réalité n'est pas un idéal.

*

À contre-cœur ou à contre-éthique ?

*

La conscience d'être, c'est s'observer soi-même.

*

Les paradoxes

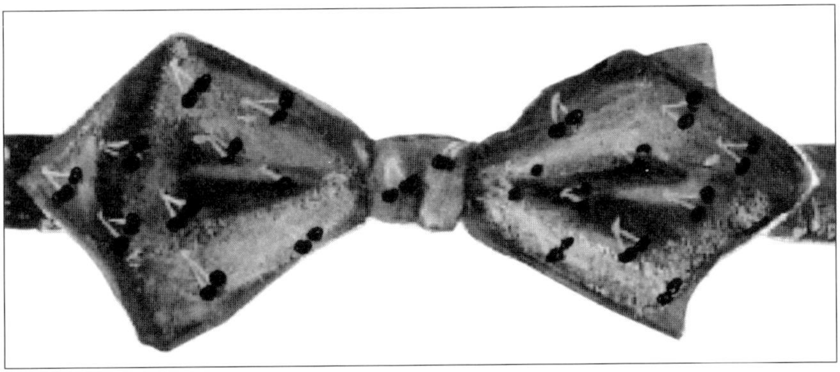

C'est difficile de tenir sa place quand on ne sait pas très bien où elle est.

*

À force de tout arrondir, tout semble plat.

*

Les gens froids me gonflent, les gens vides me glacent.

*

Parler de soi comme on parlerait d'un autre, juste parce que généralement on défend mieux les autres que soi-même.

*

Tout s'use, même l'usure.

*

Prendre du recul ne signifie pas tourner les talons.

*

Les barrières ne sont pas des béquilles.

*

Ça n'a aucun sens de regretter quelque chose d'utopique.

*

Le fait qu'il lui fasse confiance la fait douter de lui.

*

Prendre la vie à la rigolade, ça empêche de rigoler.

*

On est possédé par ce qu'on refuse.

*

Il y a ceux qui font tout et auxquels rien n'arrive, et ceux qui ne font rien et auxquels tout arrive.

*

Pour taper dans le mille, il faut cibler.

*

Quand je vais bien, il est méchant ; quand je vais mal, il est gentil. Pourtant, s'il était gentil avec moi quand je vais bien, je n'aurais pas besoin d'aller mal.

*

Il avait bon cœur, mais faisait payer cher ses services.

En général, j'ai toujours raison.

*

Il détruit toujours tout avant même que ça ne commence.

*

La nuit n'est pas un endroit calme.

*

Quand on déraille, on dérouille !

*

Les insultes sont des appellations non contrôlées.

*

Il s'aime trop pour s'aimer.

*

Il suffit de se sentir plus léger pour que tout ait moins de poids.

*

L'inconséquence est toujours lourde de conséquences.

*

Dehors aussi, on est en prison.

*

En voulant aller au plus court, on s'éloigne à des années-lumière.

*

L'improvisation ne s'improvise pas.

*

Tous les hommes rentrent à la télévision le soir après le travail.

*

En prenant les devants, on ménage ses arrières.

*

Un conseil n'est pas fait pour être appliqué.

*

Le vaste, c'est le grand qui ne peut pas se réduire au petit.

*

De la simplicité peut se dégager une autre complexité.

*

Qu'avons-nous à gagner à soustraire ?

*

Je passe mon temps à me donner bonne conscience, sinon je l'aurais trop mauvaise !

*

On a beaucoup de comptes à régler avec l'argent.

*

Le bon à tout n'est bon à rien.

*

Tout projet ici-bas commence par des projets en l'air.

*

Le contraire de gagne sa vie, ce n'est pas de la perdre.

*

On aime bien poser les questions dont on connaît les réponses.

*

À force d'être là où l'on n'est pas, on finit par ne plus savoir où l'on en est.

*

Plus on est vaniteux, plus on croit ne pas l'être.

*

Les repères sont des repaires.

*

Ailleurs, c'est un ici là-bas !

*

Elle voulait pêcher l'oiseau rare.

*

Tantôt nous sommes déversoir, tantôt nous sommes réservoir, mais la vie nous file toujours entre les doigts.

*

On est responsable d'à peu près beaucoup de choses.

*

La patience rend l'attente encore plus longue.

*

Être de partout, c'est n'être de nulle part.

*

L'avenir se trouve dans le présent.

*

S'imposer est supposé volontaire, mais ça l'est rarement.

*

La complexité est aussi un art de séduire.

*

Un petit mensonge vaut parfois mieux qu'une grande vérité.

*

Faire confiance à tout le monde revient à ne faire confiance à personne.

*

L'idée de la chose est toujours plus forte que la chose elle-même.

*

Celui qui est derrière n'est pas nécessairement second.

*

À force de prendre son temps, on prend celui des autres.

*

Nous ne devons pas confondre avoir le courage de ses opinions et avoir des opinions courageuses.

*

Une grande sagesse n'exclut pas une grande cruauté.

*

Le temps passe très vite lorsqu'il est à nous, très lentement lorsqu'il est aux autres.

*

La morale est le refuge de l'ignorance.

*

Ça use la volonté d'être bien.

*

Exemple d'idée fausse : Des oppresseurs, il y en a partout. La preuve : j'ai peur de tout le monde !

*

Aimer l'humanité ne veut pas forcément dire aimer les gens.

*

La réalité, c'est la vérité commune aux gens qui se ressemblent et qui ont la même perception de la vie.

*

Rien n'est plus agaçant que de constater que les autres aiment précisément en nous ce que nous détestons.

*

Le manque de caractère est un manque de tempérament.

*

La bonté relève parfois d'un calcul.

*

Les raccourcis

Apprivoiser le quotidien !

*

Se résoudre, pas plier !

*

Comprendre, ça aide à vivre !

*

Le changement, ça change tout !

*

Submergé, pas noyé !

*

Important mais pas grave !

*

Des qualités, pas une politique !

*

Cultiver la tolérance, tuer la colère !

*

Perdu à force de ne pas se trouver.

*

Pâle supériorité des hommes sans importance !

*

La volonté comme style de vie et comme éthique !

*

Toucher du doigt la futilité des choses importantes
et inversement.

*

La phrase assassine, épouse de Damoclès !

*

Tutoyer l'impossible !

*

Imaginer toutes les solutions sauf la bonne.

*

Libérer la liberté !

*

Mille prétextes pour être invivable !

*

Imaginer aussi qu'il y a quantité de gens qui ont peur de leur mère !

*

Pas mûr, donc insupportable !

*

Ne pas se laisser dire n'importe quoi !

*

Ne pas trop croire au bonheur donné par les choses matérielles, mais y croire un peu quand même...

*

Un jour, y arriver quand même !

*

Une gifle de la vie, mais un accélérateur aussi !

*

La coquetterie, miroir de notre impuissance !

*

Croire au génie plus qu'au mérite !

*

Flou, vague ? Déjà coincé !

*

Ne plus s'effacer, réagir !

*

Le doute ne pardonne pas.

*

Prendre la mesure des mots !

*

Questions sans réponses

L'impossible : une surestimation de la situation ou une sous-estimation de nos capacités ?

*

Ce que je vois, ou ce que je crois voir ?

*

Vigilance de l'esprit et pétillance du cœur ou le contraire ?

*

A-t-on déjà vu un reproche positif ?

*

Dire merci à l'agresseur ?

*

Suis-je comme elle me voit ?

*

Comment un oiseau peut-il pondre des œufs s'il hésite à faire son nid ?

*

Est-ce être lâche que d'avoir peur ?

*

La volonté est-elle plus forte que la personnalité ?

*

Espéranto ou javanais ?

*

La détention fait-elle le pouvoir ?

*

Le foyer est-il un lieu commun ?

*

Flemmard ou démissionnaire ?

*

Être sage sans être faible ?

*

Le génie, est-ce toujours les autres ?

*

Un point non marqué est-il un point perdu ?

*

Montrer le plus beau de sa personnalité, et après ?

*

Si on enlève les mots, que reste-t-il ?

*

Mesuré ou insuffisamment ambitieux ?

*

La possession est-elle un prolongement de soi ?

*

Faire ce qu'on veut ; pour quoi faire ?

*

Une décision ou un défi ?

*

Le bêtisier

Échymose, ékimose, ékhimose, ékhimoze,
écchymose : savoir enfin comment s'écrit cette blessure.

*

Ils se sont mariés à l'amiable.

*

Comment appelle-t-on un tournesol la nuit ?

*

Il ne faut pas confondre ceux qui sont vides au-dedans
de la tête et ceux qui n'ont rien dans le crâne.

*

La notoriété, c'est lorsqu'on commence à mettre
vos propres phrases dans la bouche des autres.

Dieu, c'est un grand sac avec tout dedans.

*

Lorsqu'Éros nous chatouille, Thanatos nous démange.

*

Poivrot des grands chemins.

*

Il travaillait à la Compagnie générale des eaux, mais il ne voulait pas se mouiller.

*

Ne confondons pas prendre du plaisir et évoluer.

*

Ce n'est pas la mauvaise humeur qui est grave, c'est l'avalanche qui suit.

*

Ne confondons pas mythomane et mythophile.

*

Pas besoin d'aboyer pour montrer qu'on est un chien !

*

Impotent, c'est important sans air.

*

Plus on tourne en rond plus la corde se rétrécit et moins il y a d'herbe à brouter.

*

Si on pouvait comprendre du jour au lendemain, cela fait longtemps qu'on aurait compris.

*

En cette époque de vaches dures, les temps sont maigres.

*

Elle avait besoin d'un homme pour sortir, lui d'une femme pour rentrer.

*

Quel est le pluriel de banal ? C'est invariable !

*

Fâcheries et vacheries vont de pair.

*

Vivre par les deux bouts, ça en vaut la chandelle.

*

J'aime l'excès pour sa drogue.

*

Un examen, c'est être vu sous la loupe des autres.

*

Je ne supporte pas les c..., sauf s'ils sont très gentils.

*

Mieux vaut charlatan qu'imposteur.

*

Inutile de mettre les points sur les i avec le mot « idiot ».

*

Elle travaillait dans un hôtel car elle n'avait pas de bagages.

*

Quand on va à Paris, on se sent plus intelligent.

*

Un problème de $exualité.

*

À force d'avoir le nez dans les étoiles, on finit par y voir 36 chandelles !

*

Un conflit, c'est de la communication à sens inique.

*

J'ai un faible pour le « bagage intellectuel » car l'esprit me transporte.

*

Les hommes placent leur honneur là où les femmes placent leur déception.

*

Casser le thermomètre n'a jamais fait baisser la température.

*

Aimer comporte des risques dont le principal est celui de ne plus l'être.

Et si vous
vous y mettiez
aussi ?

Ainsi que je vous le disais en avant-propos, lorsque je me mis à l'écriture d'aphorismes, j'avais pris l'habitude de les consigner sur des feuilles volantes. Avec le temps, les petits bouts de papier se multipliant et faisant désordre sur ma table de travail, j'avais décidé d'ouvrir un cahier qui me servirait de recueil. Un jour qu'un télégramme était arrivé pour moi en mon absence, le préposé, après avoir déposé son avis de passage avait collé un papillon blanc et rouge sur la porte de ma boîte m'indiquant qu'un « pli urgent » m'attendait. Trouvant amusant l'expression « pli urgent », et me souvenant que je n'avais toujours pas donné de nom à mon recueil d'aphorismes, je décollai avec soin la précieuse bande adhésive et, remontant chez moi, je décidai sans plus attendre de la coller sur la couverture de ce cahier qui reçut, ce faisant, son nom de baptême.

Je vous convie à faire de même. Achetez tout d'abord un cahier sur lequel vous pourrez consigner les aphorismes qui vous viennent à l'esprit, ainsi vous n'aurez pas à rechercher les petits bouts de papier et autres *post-it* auxquels vous aurez confié vos précieux débuts. En outre, il sera intéressant pour vous de constater, au fil du temps, les progrès que vous aurez réalisés en la matière.

Une fois acquis ce cahier, et avant de vous atteler à la tâche proprement dite, commencez par essayer de repérer ceux qui existent autour de vous. Quoique ridicule que puisse vous paraître la situation, n'hésitez pas à vous mettre dans la peau de Monsieur Jourdain (vous savez : *Tout ce qui n'est point prose est vers, et tout ce qui n'est point vers est prose*). Ouvrez les yeux, laissez-vous guider par votre sensibilité. Les aphorismes ne se font pas sur un coup de tête ou sur une décision. On ne s'assied pas à sa table en se disant, plume en l'air : « Bon, allons-y : inspiration, lève-toi et marche ! » Ce genre d'écriture se fait en laissant vos sens réagir à des stimuli extérieurs. C'est en regardant et en écoutant les choses et les gens, en les observant marcher, parler entre eux, rire, commenter une chose ou une autre, etc. qu'un aphorisme pourra naître dans votre esprit – de votre esprit devrais-je dire – car vous l'aurez fait passer par le filtre de votre perception intime ou de votre jugement.

À un moment donné, vous vous apercevrez qu'il y a deux catégories d'aphorismes : ceux qui sont expressément voulus, et ceux qui, *a priori*, ne le sont pas.

– Pour ce qui est des premiers, vous en trouverez de nombreux exemples dans les titres et manchettes des journaux et des magazines (par exemple : *Chômage : plus ça va, moins ça va !*), dans les publicités (*Tous ceux qui ont gagné (au loto) ont au moins une fois tenté leur chance !*), etc.

Pour ce qui est des seconds, c'est votre façon d'écouter qui vous permettra de repérer les aphorismes que font les gens à leur insu. Tout le monde en fait, le Président de la République comme votre épicier du coin. Je me rappelle personnellement l'épicière de mon enfance - j'avais 11 ans -, qui, lorsqu'elle ne parvenait pas à enfourner les quatre baguettes de pain dans le filet que je lui tendais me lançait un perfide : « Ha ! Monsieur Patrick, que voulez-vous, la vie n'est qu'une question d'enfilade ! » tout en gloussant du plaisir de me voir rougir comme les tomates exposées sur son étal. Quoique d'un genre douteux, il s'agissait là d'un aphorisme.

Petit à petit, si vous prêtez l'oreille, si votre regard est attentif ; bref si vos sens sont en éveil, vous allez les déceler et en voir partout ! Je ne dis pas que tous seront de haute volée, n'est-ce-pas, ce n'est pas ce qui compte. L'essentiel, c'est d'arriver à repérer ce qui, dans une phrase ou dans un slogan peut constituer un aphorisme.

Les quelques outils que je vous propose ci-dessous devraient vous rendre la tâche plus facile pour construire vos premiers aphorismes.

La lapalissade

Tous les Français connaissent, au moins de nom, Monsieur de La Palice, maréchal de France, auquel on attribue – à tort - des pensées pour le moins étonnantes de banalité. L'on se souviendra du célèbre : « Un quart d'heure avant sa mort, il était encore en vie » (écrit en fait par ses soldats).

Si vous n'êtes pas rompu à l'écriture, la lapalissade me semble un passage presque obligé pour obtenir vos premiers aphorismes. Du reste, vous en aurez certainement trouvé plusieurs dans ce livre. Tenez, il m'en vient une à l'esprit : « C'est en faisant les choses qu'on découvre la facilité des choses ». En lisant cela, vous devez vous dire que je n'ai vraiment pas inventé la lune. Et vous aurez certainement raison. Cependant, si je vous avais dit : « Si tu veux atteindre le sommet de cette colline, fais le premier pas », mon aphorisme aurait eu à peu de choses près la même signification, mais comme il est plus poétique que le précédent, il serait probablement mieux passé.

Même si les aphorismes qui s'adossent à des lapalissades sont faibles (*Plus on monte, plus c'est haut ; plus on mange, moins on a faim*, etc.), ils constitueront un bon terrain d'entraînement pour vous.

La juxtaposition d'opposés

Les concepts à tendance opposée sont aussi un bon terreau pour les aphorismes. Par exemple, si je dis « Même les choses faciles sont importantes », je juxtapose la notion de facilité à celle d'importance. Ou encore, avec « Une grande sagesse n'exclut pas une grande cruauté », j'oppose deux concepts *a priori* opposés car, dans notre esprit, la sagesse est aux antipodes de la cruauté. Et pourtant... Pour prendre un troisième exemple, si je dis : « C'est une grande force de ne pas se sentir supérieur aux autres », je juxtapose l'idée de grandeur à celle de petitesse.

Entraînez-vous, vous verrez que ce n'est pas aussi difficile que vous le pensez. Tenez, prenez par exemple le verbe « crier ». Que pouvez-vous en faire ? Vous ne voyez pas ? Bon, je vais vous aider. D'ordinaire, si on crie, c'est pour se faire entendre, n'est-ce pas ? D'un autre côté, nous savons que ce n'est pas parce qu'une personne crie, qu'elle se fera davantage obéir. Vous me suivez ? Donc, à partir de ce constat, si vous écrivez : « Plus on crie, moins on se fait entendre », vous énoncerez une évidence mais en même temps, votre formulation prendra la forme d'un aphorisme.

Les images

Venons en maintenant aux images. En termes d'aphorismes, les images constituent un précieux levier. Par exemple, avec « L'amour est un passeport, pas un douanier », l'image que j'ai voulu utiliser, c'est que l'amour tend à influencer notre perception de l'espace et du temps, mais qu'il ne faut surtout pas lui imposer un contrôleur. Lorsque j'écris : « Le reproche est un virus », je prends l'image de la maladie pour vous faire toucher du doigt combien les reproches peuvent causer de dégâts auprès de celui qui les reçoit. Ou encore, avec « Au banquet de la personnalité, rares sont ceux qui ne quittent pas la table avant le dessert », j'ai pris pour levier l'image de l'agape et du banquet.

Vous voyez, en matière d'aphorisme, tout est possible. À vous de laisser vagabonder votre fantaisie, votre poésie, et pourquoi pas aussi votre colère ou votre mauvais caractère. (On fait parfois d'extraordinaires raccourcis lorsqu'on est hors de soi, qui sont autant d'aphorismes).

Le paradoxe

Le paradoxe repose sur l'apposition de choses qui semblent n'avoir aucun rapport entre elles. Dans cet esprit, « La nuit, il fait plus froid que dehors » me semble en représenter un sommet.

Plus sérieusement, l'un des plus jolis aphorismes que je connaisse est celui de l'Évangile de saint Jean (41.2) : « Il y a plusieurs *demeures* dans la *maison* de mon Père ». Nous avons ici un aphorisme paradoxal de portée réellement universelle. Ce paradoxe réside évidemment dans le jeu de mot entre demeures et maison, qui sont généralement considérées comme identiques. Personnellement, je comprends cette citation comme une invitation à chacun à trouver sa place auprès du Seigneur, et par extension, comme une invitation au partage de la terre entre tous les peuples (nous devrions pouvoir vivre les uns avec les autres sans nous déchirer en des guerres sanglantes)...

Les titres de livres sont souvent porteurs d'aphorismes ou de paradoxes. Je pense ici au beau livre d'Yvan Amar : « L'effort et la grâce ». Yvan Amar juxtapose ici deux termes qui, *a priori* semblent antinomiques, paradoxaux même, mais qui, pourtant, donnent à penser. De même, le livre de René Girard intitulé : « Mensonge romantique et vérité romanesque » contient en lui-même le fondement paradoxal du sujet qu'il veut traiter.

Les paradoxes sont souvent empreints d'humour et font de beaux aphorismes. N'hésitez pas à les utiliser. Je vous sens un peu perdu, là. Vous en voulez un exemple ?

Normalement, quand on dit non, c'est non, n'est-ce pas ? Mais la vie n'est pas toujours aussi simple. Parfois, on peut vouloir une chose et en même temps s'y refuser. À partir de ce paradoxe, vous pourrez facilement construire l'aphorisme suivant : « Ce n'est pas parce qu'on dit non qu'on ne veut pas ». C'est simple, mais encore fallait-il y penser ? Je vous l'accorde...

La comparaison et la surenchère

Il y a beaucoup à prendre dans ces deux outils. Les comparaisons et la surenchère constituent une source quasi-inépuisable d'aphorismes. En voici un qui allie les deux : « Le refus est encore pire que le manque ». Les phrases qui commencent par « Mieux vaut... que » constituent souvent des débuts d'aphorismes (*Mieux vaut un* tiens *que deux* tu l'auras ; *Mieux vaut seul(e) que mal accompagné(e)*, etc.).

Transformer une phrase verbale en une maxime

Une autre façon de créer un aphorisme, est de transformer une réflexion que vous avez dite en un texte qui ne comporte pas de verbe. Par exemple, si je dis d'un de mes amis hyperactif qui se plaint de ne jamais avoir le temps de rien : « Il est fier de sa rapidité et pourtant il en souffre », je me trouve déjà à la limite de l'aphorisme dans la mesure où ce que je dis de lui peut passer pour une vérité générale. Toutefois, je pourrai encore améliorer ma réflexion en lui donnant un mode général. Par exemple : « On peut être fier d'une qualité (qu'on possède) et pourtant en souffrir », ou encore : « la rapidité ne va jamais sans souffrance ». Tout le monde ne sera peut-être pas d'accord avec cet aphorisme, mais j'ai des chances de rallier un grand nombre de suffrages autour de cette « vérité ».

Les jeux de mots et les homonymes

Lorsque j'écris : « Pas besoin d'aboyer pour montrer qu'on est un chien », je joue évidemment sur les mots. Un être humain n'aboie pas (même si certains d'entre nous semblent pourtant en être restés au stade animal).

Concernant les homonymes si je dis : « Chez l'enfant, la bêtise est un acte d'intelligence », je joue sur le double sens du mot. La bêtise est bête, en effet, sauf s'il s'agit d'un petit dégât causé par inadvertance par un enfant. Si l'expérience vécue par l'enfant lui permet d'apprendre quelque chose, alors ce sera effectivement un acte d'intelligence.

Bien qu'il ne s'agisse pas en l'occurrence d'un aphorisme, l'exemple suivant me semble intéressant pour vous. J'ai intitulé le titre d'une des parties de ce livre « La taille des sentiments ». On peut fort bien n'y voir que la juxtaposition de quatre mots, mais on peut aussi penser : Tiens, il a voulu attirer mon attention sur la *grandeur*, c'est-à-dire l'importance des sentiments, ou encore, considérant que je suis un farceur, penser que j'ai voulu mettre l'accent sur la réduction ou sur la coupe des sentiments. En fin de compte, le mot sur lequel j'ai voulu jouer n'était ni l'un ni l'autre : il s'agissait ici de l'impôt (*la taille*) supporté par les paysans sous l'ancien régime. Dans cette acception, la taille des sentiments prend alors le sens de : *qui veut aimer, doit payer !* (Tiens, voilà un aphorisme !).

Là encore, allez-y, entraînez-vous. Attention malgré tout aux « jeux de mots laids » (vous voyez ce que je veux dire ?).

L'aphorisme porte un jugement

On dit souvent qu'il ne faut pas juger. Il me semble quant à moi, que s'il ne faut pas juger les hommes, on est en droit de juger leurs actions (Tiens, il y a un aphorisme caché dans ce que je viens d'exprimer : vous voyez lequel ?). De toutes manières, toute hypocrisie mise à part, force est de constater que nous passons notre temps à juger. Nous jugeons les choses, les êtres, les événements, les arts, la littérature, les déclarations des hommes publics, nos enfants et ceux des autres, etc. Alors allez-y vous aussi ; faites appel à votre jugement. Dites-vous bien que celui qui n'ose pas juger ne peut pas créer d'aphorisme car l'aphorisme est une forme de jugement.

Les abstractions

Les termes plutôt abstraits constituent un bon appât pour les aphorismes. Des mots tels que susceptibilité, insolence, mensonge, effort, liberté, rire, aimer, etc. se prêtent bien à l'aphorisme. Cette fois-ci, je ne vous donne pas d'exemple. Cherchez vous-même. Allez-y, trempez votre ligne dans l'eau de votre imagination et vous verrez que vous ferez bonne pêche.

Autre chose : les remous du cœur constituent une vraie mine pour vos petites phrases. Si je vous dis : « S'endormir dans la fatigue des larmes », vous savez exactement de quoi il s'agit car vous avez déjà au moins une fois dans votre vie éprouvé ce chaud épuisement d'un caprice ou d'un chagrin qui a fini dans le drame que cette phrase suggère.

La relativisation

Lorsque vous sentez qu'un aphorisme est excessif ou arbitraire, ou que vous ne soyez pas sûr de sa validité, vous pouvez gommer légèrement son aspect péremptoire avec des adverbes tels que presque, rarement, d'ordinaire, pratiquement, généralement, etc. (« On est souvent mieux respecté par un étranger que par sa propre famille »). N'en abusez tout de même pas !

La portée universelle

Le meilleur dans un aphorisme, c'est lorsqu'il prend une portée universelle. Attention, ne me faites pas dire ce que je n'ai pas dit. Je n'ai pas dit que vous deviez vous transformer en un génie planétaire. J'ai suggéré que ce que vous exprimez dans un aphorisme peut avoir une portée générale qui peut s'appliquer à quiconque est confronté à la situation qu'évoque cet aphorisme. Lorsque le philosophe allemand Frédéric Nietzsche dit : « Deviens qui tu es », il donne un aphorisme dont personne sur terre, à mon avis, ne peut se sentir exclu. Ou encore, Margaret Mitchell avec son *Tomorrow is another day* (Demain est un autre jour), nous donne un aphorisme qui pourrait facilement s'apparenter à une lapalissade et qui, pourtant, recèle un sens existentiel et humain hors du commun. Quatre petits mots ont suffi. J'enrage de ne pas l'avoir inventé moi-même ! Je ne vous donnerai pas ici d'exemples de mon cru car je ne voudrais pas que vous me preniez pour plus présomptueux que je le suis. Néanmoins, regardez dans ce livre, vous devriez bien en trouver deux ou trois...

Les déchets, enfin

Eh ! oui, tout aphorisme n'est pas séduisant. Lorsqu'après quelque temps vous relirez votre cahier, vous serez surpris de constater l'inanité de certains de vos propos. Disons-le sans détour : certains méritent d'aller directement à la poubelle et il ne faut avoir aucun scrupule à les y mettre. D'autres sont loupés, mais les quelques mots qu'ils recèlent, restent porteurs de quelque chose d'indéfinissable. Ceux-là méritent que vous les mettiez dans la rubrique « Bêtisier ». Et puis je vous dirai autre chose : vous savez, on ressent parfois le besoin d'écrire quelque chose de bien bête, d'horriblement bête même. Alors, ne vous gênez pas. Le bêtisier est fait pour ça !

Les mots peuvent apaiser, les mots peuvent guérir aussi

Voilà. Vous êtes maintenant en possession de quelques outils pour créer vous-même vos aphorismes. J'espère que vous aurez passé un agréable moment en ma compagnie. Une dernière chose, pourtant.

Les mots, chacun le sait, peuvent avoir un effet extraordinairement apaisant lorsqu'ils sont dits avec sincérité, avec courage, avec lucidité. Avec amour surtout. Mettez beaucoup d'amour, d'humour et de bonne humeur dans vos aphorismes, surtout lorsque vous aurez l'intention de les glisser dans une petite lettre à votre tendre « moitié ». Les mots apaisent ; les mots peuvent guérir aussi. Bien utilisés, ce sont des médicaments minuscules mais extrêmement puissants. Et peut-être est-ce justement de cela dont parlaient les moines bouddhistes tibétains...

Table des matières

Mes aphorismes

(Un) Le silence est parfois plus cruel que des mots. (i.e. quelques mots) que certains mots

Le présent n'existe pas.

Mes aphorismes

Mes aphorismes

Impression : EUROPE MEDIA DUPLICATION S.A.
F53110 Lassay-les-Châteaux
N° 9448 - Dépôt légal : mai 2002